BILL WATTERSON

CALVIN et Hobbes

4

Debout, tas de nouilles !

ÉDITIONS HORS COLLECTION

Du même auteur :

Dans la même collection :

Titre original : WEIRDOS FROM ANOTHER PLANET !

Traduit de l'américain par
Laurent Duvault
Lettrage : Martine Segard
Mise en couleur de la couverture : Isabelle Merlet
I.S.B.N. : 2-258-03487-6

Calvin et Hobbes
WATTERSON
ET VOILÀ "HOMER LE HAMSTER ET GALOU LE BOUGALOU". TU DEVRAIS AIMER CETTE HISTOIRE.

AH OUAIS? SI ELLE EST SI BIEN QUE ÇA, POURQUOI ELLE N'A PAS ÉTÉ ADAPTÉE EN DESSIN ANIMÉ POUR LA TÉLÉ?

J'ESPÈRE QUE CE SOIR, CE SERA MOINS BARBANT QU'HIER. JE ME SUIS CARRÉMENT ENDORMI.
NE T'INQUIÈTE PAS. CETTE HISTOIRE-LÀ VA TE TENIR ÉVEILLÉ TOUTE LA NUIT.

C'EST VRAI? C'EST QUOI?
ÇA S'APPELLE "LA MAIN COUPÉE QUI ÉTRANGLAIT LES GENS".

DIS DONC, C'EST SUPER! ÇA FAIT PEUR! JE N'AI JAMAIS ENTENDU D'HISTOIRES QUI FONT PEUR! UNE MAIN COUPÉE! WAOU!
ET TU SAIS CE QUI EST VRAIMENT TERRIFIANT? ON NE L'A JAMAIS RETROUVÉE! À CE JOUR, PERSONNE NE SAIT OÙ EST PASSÉE CETTE MAIN!
WATTERSON

EN FAIT, ELLE POURRAIT...
OH NON! LA VOILÀ!

ELLE M'A... A... A EU!!
ARRGLL!

... CALVIN?...
... CALVIN?...

J'AURAIS DÛ Y PENSER IL Y A DES ANNÉES.

Calvin et HOBBES
WATTERSON
SPIFF LE SPATIONAUTE EXPLORE LES CONFINS EXTRÊMES DE L'UNIVERS.

À LA DEMANDE GÉNÉRALE.

L'INTRÉPIDE EXPLORATEUR SPIFF LE SPATIONAUTE ATTERRIT SUR UNE PLANÈTE INCONNUE. QUELLES ÉTRANGES MERVEILLES VA-T-IL Y DÉCOUVRIR ?

SPIFF CHERCHE DES TRACES DE VIE !

QUELLE ÉTRANGE PLANÈTE ! SA SURFACE EST ÉTONNAMENT DOUCE ET POREUSE !

ET DE CURIEUX GEISERS SOUFFLENT DE L'AIR CHAUD !

SOUDAIN IL COMPREND ! SPIFF N'EST PAS SUR LA SURFACE D'UNE PLANÈTE ! IL MARCHE SUR UN EXTRA-TERRESTRE ENDORMI !

NOTRE HÉROS DÉGAINE SON RAYON DE LA MORT.
ZZ.. MMF HM?

ON Y VA, CALVIN ! ON EST PRÊTS !

JE N'AI PLUS ÉTÉ AU ZOO DEPUIS DES LUSTRES.
ET CALVIN JAMAIS. ÇA VA ÊTRE AMUSANT.

JE LUI EN AI PARLÉ TOUTE LA SEMAINE. IL EST TRÈS EXCITÉ.
ALLEZ CALVIN !

ALORS, OÙ ON VA, CETTE FOIS ?
QU'EST-CE QUE J'EN SAIS ? MAMAN ET PAPA NOUS TRAÎNENT TOUJOURS DANS DES COINS BARBANTS.

POURQUOI LES ALLIGATORS SONT DANS CETTE GRANDE FOSSE ?
POUR QU'ILS NE SORTENT PAS MANGER LES VISITEURS.

LE ZOO LEUR JETTE DES GENS, DES FOIS ?
NE SOIT PAS BÊTE. BIEN SÛR QUE NON.

QUAND EST-CE QU'ON RENTRE ?

REGARDEZ ! DES SINGES !

T'AS VU COMME ILS UTILISENT LEURS QUEUES ET LEURS PATTES POUR GRIMPER ?

LES ZOOS PERMETTENT AUX GENS DE VOIR COMMENT SE COMPORTENT LES ANIMAUX SAUVAGES.

HÉ, REGARDEZ CE QU'IL FAIT, CELUI-LÀ ! ET EN PUBLIC ! EN PLUS ! HA HA ! C'EST DÉGOÛTANT. REGARDEZ ! POURQUOI JE N'AI PAS LE DROIT DE FAIRE ÇA, MOI ?
VIENS PAR ICI VOIR LES OISEAUX, CALVIN.

QU'EST-CE QUE TU PENSES DU ZOO ?
JE TROUVE ÇA ASSEZ DÉPRIMANT.

JE PLAINS LES ANIMAUX, ILS N'ONT PAS BEAUCOUP DE PLACE POUR BOUGER ET ILS N'ONT RIEN À FAIRE...

SAUF DORMIR ENTRE DEUX REPAS.

ÇA RESSEMBLE ASSEZ À CE QUE TU FAIS.
TU M'AS TRÈS BIEN COMPRIS.

HÉ, CES GOSSES DONNENT À MANGER AUX ANIMAUX !

MAMAN, MOI AUSSI JE PEUX AVOIR DES CACAHUÈTES?

JE NE SUIS PAS TA MÈRE.
WHOOP!

TU ES PERDU? À QUOI RESSEMBLE TA MAMAN?
JUSQU'AUX GENOUX, C'EST TOUT À FAIT VOUS.

FLÛTE, J'AI SUIVI CETTE DAME LA MOITIÉ DU ZOO EN CROYANT QUE C'ÉTAIT MA MÈRE.

POURQUOI LES MÈRES N'ÉCRIVENT PAS LEUR NOM SUR LEURS MOLLETS POUR QUE CE GENRE DE CHOSE N'ARRIVE PAS?

JE ME DEMANDE OÙ JE SUIS. ET OÙ EST HOBBES? J'AI CRU QU'IL ÉTAIT AVEC MOI.

OH OH. OÙ EST CALVIN?
POURQUOI CES PETITES SORTIES FAMILIALES FINISSENT TOUJOURS AINSI? JE VAIS PASSER PLUS DE SAMEDIS AU BUREAU.

VOILÀ HOBBES, MAIS OÙ EST CALVIN ?
JE NE LE VOIS PAS.

OÙ PEUT-IL ÊTRE PASSÉ ? ON A JUSTE TOURNÉ LE DOS UNE MINUTE.
ET POURQUOI N'A-T-IL PAS PRIS HOBBES ?

RESTE ICI AU CAS OU IL REVIENDRAIT. JE VAIS LE CHERCHER.
BON. (SOUPIR)

ÊTRE PARENT, C'EST VOULOIR À LA FOIS CALINER ET ÉTRANGLER SON ENFANT.
WATTERSON

PFFF. CALVIN PEUT-ÊTRE N'IMPORTE OÙ DANS CE ZOO.

J'ESPÈRE QU'AU MOINS IL PENSERA À NE PLUS BOUGER, OÙ QU'IL SOIT.

OÙ IRAIT CE PETIT SAGOUIN S'IL ÉTAIT PERDU ET SÉPARÉ DE SA PELUCHE PRÉFÉRÉE ?

SON NOM EST HOBBES ET IL ... HÉ, JE VOUS PARLE !
TIGRES
WATTERSON

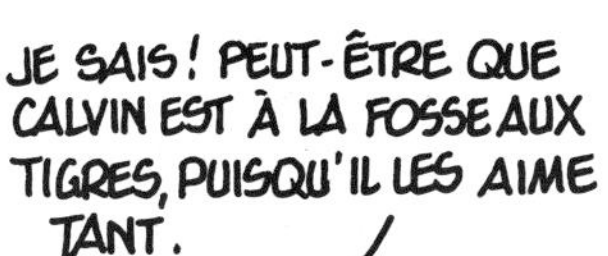
JE SAIS ! PEUT-ÊTRE QUE CALVIN EST À LA FOSSE AUX TIGRES, PUISQU'IL LES AIME TANT.

HA HA, PEUT-ÊTRE QUE CALVIN EST DANS LA FOSSE AUX TIGRES, PUISQU'IL LES AIME TANT -

WATTERSON

TU L'AS TROUVÉ ? DIEU MERCI ! OÙ ÉTAIT-IL ?
IL REGARDAIT LES TIGRES.

J'AI SUIVI UNE AUTRE DAME EN CROYANT QUE C'ÉTAIT MAMAN ET QUAND J'AI RÉALISÉ QUE J'ÉTAIS PERDU, J'AI ÉTÉ DEMANDER AUX TIGRES S'ILS AVAIENT VU HOBBES.

LA PROCHAINE FOIS, DEMANDE DE L'AIDE À UNE PERSONNE.
... OH... JE N'Y AVAIS PAS PENSÉ.

SEULEMENT, IL N'Y AURA PAS DE PROCHAINE FOIS, PARCE QUE NOUS ALLONS T'ATTACHER DANS LA COUR TOUS LES WEEK-ENDS.
CHÉRI !
ET TES COMPATRIOTES N'ONT PAS ÉTÉ TRÈS COMPRÉHENSIFS.

TU SAIS QUEL JOUR ON EST ?
NON. POURQUOI ?

OH, COMME ÇA. JE ME DEMANDAIS.

QUE J'AIME LES GRANDES VACANCES !

TU VEUX DE L'EAU, HEIN ? J'AI ICI UN GRAND ARROSOIR PLEIN D'EAU.

MAIS C'EST À MOI DE DÉCIDER SI TU AURAS DE L'EAU OU NON ! JE CONTRÔLE TON DESTIN ! TOUTE TA VIE EST ENTRE MES MAINS.

SANS MOI TU ES COMME MORTE ! SANS MOI, TU NE...

Calvin et HOBBES
WATTERSON
J'AI UN POINT !

GAGNÉ !

J'AI TOUCHÉ LA BASE APRÈS UN TOUR COMPLET. À TOI DE RELANCER.

ET MES JOUEURS DEUX ET TROIS ONT GAGNÉ AUSSI -
NON. ILS ÉTAIENT HORS JEU.

HORS JEU ?!
MON NUMÉRO TROIS A POUSSÉ TON JOUEUR DEUX ET IL A RELANCÉ AVANT QUE TON AUTRE JOUEUR N'AIT TOUCHÉ SA BASE.

C'EST PAS VRAI !
LES DEUX SONT HORS JEU.

BON, ALORS MON PREMIER JOUEUR A FAIT DEUX TOURS ET DOUBLE LE SCORE ! GROS MALIN !
AH OUI ? EH BEN, TOUS MES JOUEURS LUI ONT SAUTÉ DESSUS ET LUI ONT FAIT SA FÊTE.

HA ! ET LA FÉDÉRATION A SUSPENDU TOUS TES JOUEURS POUR L'ÉTER-NITÉ ! ILS SONT TOUS HORS JEU.
HMPH ! SI MES JOUEURS NE JOUENT PAS, JE NE JOUE PAS.

ALORS TU DÉCLARES FORFAIT. TU PERDS PAR ABANDON SI TU PARS !
LA FOULE EST AVEC MOI ET TE HUE : "BOOOUUUH !!!"

DES FOIS, J'AIMERAIS HABITER UN QUARTIER AVEC PLUS D'ENFANTS.
WATTERSON

Calvin et Hobbes

WATTERSON

MAMAN?
OUI CALVIN?

TU SAIS, LE CANAPÉ DU SALON?
OUI, QUOI?

TU NE LE TROUVES PAS TROP LONG?

JE POSAIS JUSTE LA QUESTION!
WATTERSON

CROUIC CROUIC

BRRMMM
OH, NON!

POW!

C'ÉTAIT PAS DU THON! C'ÉTAIT DE L'ANANAS! TU VOIS?!
À L'OREILLE, TOUTES LES BOÎTES SE RESSEMBLENT.
WATTERSON

LE PROBLÈME, QUAND ON A UN TIGRE POUR COPAIN, C'EST QU'IL SURGIT TOUJOURS DE NULLE PART, EN BONDISSANT SUR VOUS À 150 KILOMÈTRES HEURE!

AAH!

* OUF * J'AI CRU L'ENTENDRE... MINCE, MON COEUR BAT À TOUTE ALLURE. MAIS OÙ PEUT-IL ÊTRE?

AH, VOILÀ HOBBES. MERCI MON DIEU.
TU N'AS PAS L'AIR BIEN, CALVIN. PEUT-ÊTRE QUE TU DEVRAIS TE COUCHER PLUS TÔT?
WATTERSON

Calvin et Hobbes
WATTERSON
EH BIEN ! COMMENT AS-TU FAIT POUR TE COUVRIR DE BOUE COMME ÇA ?!

BEN, J'ÉTAIS LÀ, À M'OCCUPER DE MES AFFAIRES, QUAND TOUT À COUP UNE HORDE DE CANNIBALES TOUT DÉGOÛTANTS A SURGI !
D'ACCORD, CALVIN !

QUELLE DÉLICIEUSE APRÈS-MIDI.

PARFOIS, J'AI L'IMPRESSION DE TRAVAILLER TOUT LE TEMPS POUR ME PAYER TOUT ÇA SANS JAMAIS AVOIR LE TEMPS DE M'ASSEOIR AVEC UN BON LIVRE ET D'EN PROFITER.

AU MOINS IL ME RESTE LES WEEK-ENDS POUR...
CALVIN

TU AS MIS DE LA BOUE DANS TOUTE LA MAISON ! AAAH ! LE CANAPÉ !
QU'EST-CE QUE TU AS FAIT ?? TU AS MARCHÉ SUR LE CANAPÉ ?!

J'AI RIEN FAIT ! C'EST SÛREMENT QUELQU'UN D'AUTRE ! JE VIENS DE VOIR UN TYPE PLEIN DE BOUE S'ENFUIR EN COURANT...
DEHORS ! SORS DE LA MAISON ! TOUT DE SUITE

BON ! D'ACCORD ! JE SORS ! PAS BESOIN DE ME POUSSER !
HÉ ! LÂCHE-MOI !
AÏE ! TRÈS BIEN !
ADIEU !

HÉ, PAPA, ATTRAPE LA BOMBE À EAU !

BONS REFLEXES, PAPA. AU FAIT, N'ENTRE PAS DANS LA MAISON COMME ÇA, MAMAN EST ENCORE DE MAU-VAISE HUMEUR !
JE PARIE QUE JE POURRAIS ABATTRE BEAUCOUP DE BOULOT AU BUREAU LES WEEK-ENDS...
WATTERSON

DIS DONC, QUELLE MAGNIFIQUE MATINÉE D'ÉTÉ, HEIN, PAPA? DOMMAGE QUE TU NE PUISSES PAS RESTER ICI POUR EN PROFITER

QUAND TU SERAS VIEUX, TU REGRETTERAS DE N'AVOIR JAMAIS PROFITÉ DE JOURNÉES COMME ÇA. MAIS BIEN SÛR, C'EST DANS LONGTEMPS, ET D'ICI LÀ TU DEVRAS BEAUCOUP TRAVAILLER.

OUAIS. TU FERAIS MIEUX D'ALLER TRAVAILLER. BONNE ET LONGUE ROUTE DANS LES EMBOUTEILLAGES. PEUT-ÊTRE QUE TU RENTRERAS À TEMPS POUR VOIR LE SOLEIL SE COUCHER... SI TU PEUX ENCORE TENIR DEBOUT. SALUT!

MINCE, JE DÉTESTERAIS AVOIR UN FILS COMME MOI.
WATTERSON

QU'EST-CE QUE TU FERAIS SI JE TE LANÇAIS CETTE BOMBE À EAU, LÀ, MAINTENANT?

IMAGINE LE PIRE, PUIS IMAGINE QUELQUE CHOSE DE CENT FOIS PIRE.

TU ME FERAIS ÇA?
NON, QUELQUE CHOSE DE PIRE ENCORE.
WATTERSON

IL A PIQUÉ MA CURIOSITÉ.

BIP

HOURRA.
WATTERSON

Calvin et Hobbes

WATTERSON

L'ARRIVÉE DE LA COURSE SERA À L'ARBRE, D'ACCORD ?

CET ARBRE ?

QU'EST-CE QUE TU FAIS AVEC TOUS LES OUTILS DE TON PÈRE DANS LA SALLE DE BAINS ?

CE ROBINET GOUTTE, ALORS JE VAIS LE RÉPARER.

TU VAS LE RÉPARER ?
C'EST CE QUE J'AI DIT.

... ET TU PEUX TE GARDER TES SARCASMES, MONSIEUR PORTE-LA-POISSE.
JE N'AI RIEN DIT.

C'EST FACILE DE RÉPARER UN ROBINET. IL SUFFIT DE LE DÉMONTER, VOIR CE QUI GOUTTE ET TOUT REMONTER.

TA MÈRE SAIT CE QUE TU FAIS ?

NON. CE SERA UNE SURPRISE.

ET NOUS SAVONS TOUS QU'ELLE ADORE LES SURPRISES !
JE N'ARRIVE PAS À ENLEVER CE TRUC. PASSE-MOI LA SCIE À MÉTAUX.

TU N'ES PAS CENSÉ COUPER L'EAU AVANT DE DÉMONTER LE ROBINET ?

C'EST LE PROBLÈME QUE J'ESSAYE DE RÉGLER, IMBÉCILE ! JE NE PEUX PAS FERMER L'EAU, PUISQUE LE ROBINET GOUTTE !

PFFF, OÙ ÉTAIS-TU LE JOUR DE LA DISTRIBUTION DES CERVEAUX ?

OH NON ! AAGHH ! ACKK !
JE VAIS TE CHERCHER DU PAPIER ET DU CARBONE POUR TES EXCUSES ÉCRITES.

VITE HOBBES ! COMMENT ON COUPE L'EAU ?!?
COMMENT LE SAURAIS-JE ?

JE NE PEUX PAS REMETTRE CE BOULON AVEC TOUTE CETTE EAU !
JE VAIS CHERCHER TA MÈRE !

MA MÈRE ? T'ES FOU OU QUOI ?? ELLE NE DOIT RIEN SAVOIR !

JE PARIE QU'ELLE AURA DES DOUTES QUAND LE PLAFOND DE LA CUISINE COMMENCERA À GOUTTER
VA À L'ARMOIRE À PHARMACIE ET TROUVE DU CYANURE.

LA LA LA DOU DI DA JE CROIS QUE JE VAIS CHERCHER UNE SERPILLIÈRE... DOU DI DA...

TOUT VA BIEN ... DA DI DOU DA... JE VEUX JUSTE UNE SERPILLIÈRE POUR ÉPONGER DES...TRUCS. LALALA DI DOU DA.

VOYONS VOIR COMBIEN DE SERPILLIÈRES NOUS AVONS ? DOU DI DA PAS DE RAISON DE PANIQUER... J'AI JUSTE BESOIN DE QUELQUES SERPILLIÈRES. LALA !

VAS-Y TOI !

CALVIN, QUE FAIS-TU ?

JE ... EUH... SUIS AUX TOILETTES.
FLUSH

TOUT VA BIEN ?

SUPER ! MAIS N'ENTRE PAS !
FLUSH

C'EST QUOI TOUTE CETTE EAU QUE J'ENTENDS ? JE VAIS ENTRER !

OH MON DIEU ! ACKPBT ! QU'EST-CE QU'IL SE PASSE ? SPLUTB ! BPLPTH !

ÇA Y EST ! J'AI COUPÉ L'EAU.
TRÈS BIEN, CALVIN, OÙ ES-TU ?!

COUCOU, P... PAPA !
CALVIN, C'EST LA FIN DU MONDE.

REGARDE-MOI CETTE SALLE DE BAINS ! QU'EST-CE QUE TU AS FABRIQUÉ ?!

RIEN, PAPA ! J'ÉTAIS JUSTE LÀ, À CHERCHER DU DENTIFRICE QUAND, PLOUF ! LE ROBINET A EXPLOSÉ TOUT SEUL ! IL... IL... EUH...

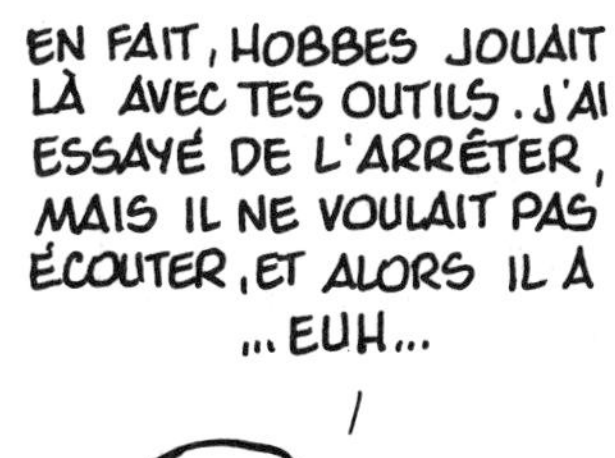
EN FAIT, HOBBES JOUAIT LÀ AVEC TES OUTILS. J'AI ESSAYÉ DE L'ARRÊTER, MAIS IL NE VOULAIT PAS ÉCOUTER, ET ALORS IL A ...EUH...

DERNIER ESSAI.
DES EXTRA-TERRESTRES, PAPA ! ILS M'ONT FAIT JURER DE NE RIEN DIRE !

DIS DONC, PAPA A VRAIMENT EXPLOSÉ ! QUEL SALE CARACTÈRE !

À L'ÉCOUTER, OU CROIRAIT QUE PERSONNE AU MONDE N'A JAMAIS EU BESOIN D'APPELER UN PLOMBIER. PAPA TRAVAILLE. IL PEUT SE LE PERMETTRE.

PAPA FAIT TOUJOURS UN SCANDALE DE TOUT.

QUAND ÇA ARRIVE, J'AIMERAIS BIEN QUE TU N'ESSAYES PAS DE ME FAIRE PORTER LE CHAPEAU.
OH, TU NE VAS PAS COMMENCER À T'Y METTRE, TOI AUSSI !

Calvin et Hobbes
WATTERSON
DE TOUS CÔTÉS DES DINOSAURES FUIENT POUR SAUVER LEUR PEAU !

CALVIN ARRIVE !

LA FIN DU CRÉTACÉ : LA DERNIÈRE ÉPOQUE DES MYTHIQUES DINOSAURES !

LE ROI DES LÉZARDS RUGIT, C'EST CALVIN, LE FÉROCE TYRANNOSAURE !

SEPT TONNES DE MUSCLES ET DE DENTS QUI CHERCHENT UNE PROIE !

CALVIN, PAR PITIÉ, ARRÊTE DE ME TOURNER AUTOUR EN GROGNANT COMME ÇA !

OW !!
CHOMP !

COMMENT LA RACE DES TYRANNOSAURES A-T-ELLE DISPARU ? MAINTENANT NOUS LE SAVONS !
WATTERSON

WAP

C'EST À TOI ?

NON. QU'EST-CE QUE C'EST ?

ELLE EST REMARQUABLEMENT PERSPICACE, POUR UNE FILLE.

DONNE-MOI DES COOKIES OU J'ALLUME LA MÈCHE ET JE NOUS ENVOIE TOUS AU CIEL !

QU'EST-CE QUE C'EST QUE ÇA ! UN BOUT DE FICELLE DANS UNE SAUCISSE ! POUR L'AMOUR DE DIEU, NE GASPILLE PAS LA NOURRITURE, CALVIN !

JE PEUX AVOIR DES COOKIES ?
NON ! VA JOUER DEHORS !

QU'EST-CE QUE J'AURAIS AIMÉ TENIR UN VRAI BÂTON DE DYNAMITE !
JE PEUX AVOIR LA SAUCISSE, OÙ TA MÈRE L'A GARDÉE ?

Calvin et Hobbes
WATTERSON
J'AI APPORTÉ UNE HISTOIRE QUI FAIT PEUR.
C'EST QUOI?

" LE MONSTRE HIDEUX QUI T'ATTEND DANS LE NOIR POUR TE DÉMEMBRER."

SUPER! C'EST L'HISTOIRE LA PLUS TERRIFIANTE QUE J'AIE JAMAIS ENTENDUE!
CONTINUE! NE T'ARRÊTE PAS!

"DOUCEMENT LE MONSTRE DES MARAIS S'APPROCHA DES CAMPEURS INNOCENTS. SES CROCS BRILLANTS SOUS LA LUNE, IL...
C'EST QUOI CE BRUIT?

OH, ARRÊTE! ÇA FAIT DÉJÀ ASSEZ PEUR!
NON, SANS RIRE. J'AI ENTENDU QUELQUE CHOSE...

SNAP!
C'EST LE MONSTRE DES MARAIS!
OH NON!! OH NON!! VITE, ÉTEINS LA LAMPE! FAIS LE MORT!

CRUNCH CRACK
IL ARRIVE! NOUS SOMMES PERDUS!
IL SE RAPPROCHE!

ZIPPPPP!
OH, MON DIEU, IL... IL OUVRE LA TENTE! IL ENTRE!

AIEE!
LE VOILÀ! AVEUGLE-LE AVEC LA TORCHE! FAIS TOMBER LES PIQUETS! COURS, HOBBES! COURS!

QU'EST-CE QUE VOUS FAITES-LÀ? OÙ EST TON PÈRE? IL VIENT DE SORTIR POUR VOIR CE QUE TU FAISAIS.
LE MONSTRE A DÛ L'AVOIR!
OÙ EST CE GOSSE?!

BEN... PEUT-ÊTRE QUE JE NE VAIS PAS...

QU'EST-CE QUE TU FAIS, SUSIE?
JE DESSINE SUR LE TROTTOIR.

SUPER! JE PEUX AUSSI?
BIEN SÛR, TIENS, DE LA CRAIE!

BON SANG, JE N'AVAIS ENCORE JAMAIS ÉTÉ UN VANDALE!
CE N'EST PAS DU VANDALISME, ÇA S'EFFACE!

JE SENS QU'IL Y EN A UN QUI ARRIVE. TU ES PRÊT?
PRÊT.

POOF
ATCHOOOUUUUMM!

TU L'AS EU?
OUAIP! REGARDE CE QUE ÇA DONNE.

AH, ÇA C'EST UNE BONNE PHOTO!
POURQUOI MES PHOTOS D'ÉCOLE NE RESSEMBLENT-ELLES JAMAIS À ÇA?

NE T'APPROCHE PAS!
POURQUOI? JE CRÈVE DE CHALEUR.

TU VAS METTRE DES POILS DANS L'EAU. VA JOUER AILLEURS.

HÉ, NON! ARRÊTE! HÉ!

TU CROIS QUE TU AS GAGNÉ, HEIN? TU VEUX QUE JE TE DISE CE QUE MOI J'AI FAIT?
ACKPTH!

Calvin et Hobbes
WATTERSON
L'ÉTÉ EST PRESQUE FINI, C'EST VITE PASSÉ, HEIN ?
OUAIS.
ON A JAMAIS ASSEZ DE TEMPS POUR FAIRE TOUT CE QU'ON VEUT.

TRIP

BAP

WHACK

BAP
WATERSON

J'AI FAIM !
DOMMAGE. LE PETIT DÉJEUNER N'EST QUE DEMAIN MATIN !

MON VENTRE GARGOUILLE.
CHUT.

LA PLUPART DES GENS NE VOUDRAIENT PAS DORMIR À CÔTÉ D'UN TIGRE AFFAMÉ...

DES FOIS, J'AIMERAIS QUE TU SOIS UN CHIEN.
PLUS DE THON ET MOINS DE MAYONNAISE.
WATERSON

OH NON ! UN DINOSAURE EST ENTRÉ DANS LE SUPERMARCHÉ !

IL SE DIRIGE VERS LE RAYON BOUCHERIE ET ENGLOUTIT LE BOUCHER !

LES CLIENTS FUIENT DE TOUS CÔTÉS POUR SAUVER LEUR VIE ! C'EST LA PANIQUE, LE CHAOS ET LE CARNAGE !
WATERSON

OH NON, CALVIN ! JE NE PEUX DONC T'EMMENER NULLE PART ?!
MAINTENANT, LE TYRANNOSAURE VEUT DES COOKIES !

LA PLANÈTE CALVIN TRAVERSE LE SYSTÈME SOLAIRE.

PERSONNE NE LA REMARQUE, JUSQU'À CE QUE SON ORBITE LA PLACE ENTRE LE SOLEIL ET LA TERRE.

CALVIN PROVOQUE UNE ÉCLIPSE TOTALE DU SOLEIL! LA TERRE EST PLONGÉE DANS LES TÉNÈBRES! COMBIEN DE TEMPS VA RESTER CALVIN?!

TU POURRAIS BOUGER? TU ME CACHES LA LUMIÈRE.
HA HA HAAA!

LES ÉLECTIONS APPROCHENT. TU AS CHOISI TA PREMIÈRE DAME?

MA PREMIÈRE DAME?
BIEN SÛR. TU NE PEUX PAS ÊTRE ÉLU PÈRE S'IL N'Y A PAS UNE MÈRE, PAS VRAI?

TU VAS GARDER LA MÈRE QUE J'AI OU EN PRENDRE UNE NOUVELLE ?
EUH...

AU LIT, CALVIN.
JE PARTAGERAI LE POUVOIR AVEC TA MÈRE, BIEN SÛR.
PEUH...

Calvin et Hobbes
WATTERSON
JE PEUX AVOIR UNE AUTRE ASSIETTE, MAMAN ?
POURQUOI ?

QUELQU'UN A VOMI DANS LA MIENNE.
MANGE CE QUE TU AS ET TIENS-TOI TRANQUILLE, COMPRIS, CALVIN ?

BEURK !

MMF !

HOOPA
GLOARGH !
FLIP
FLOP

BLAHHHHHHHH
TWITCH TWITCH

OH, ARRÊTE, CALVIN, C'EST DU HACHIS PARMENTIER, IL N'Y A RIEN LÀ-DEDANS QUE TU N'AIMES PAS.
C'EST DU HACHIS?

MÂCHE
MÂCHE

HMM... CETTE BOUCHÉE-LÀ N'ÉTAIT PAS SI MAUVAISE, JE NE SAIS PAS POURQUOI. J'AI MÊME PU LA MÂCHER. MON ESTOMAC CONTINUE À SE SOULEVER, MAIS LA DOULEUR N'EST PLUS AUSSI FORTE. LE SECRET EST DE SUPPRIMER L'EFFET RETOUR. EN AVALANT D'UN COUP, CELA DEVIENT TRÈS SUPPORTABLE.
BIEN. CONTENTE DE REMPORTER UN TEL SUCCÈS.
WATTERSON

D'ACCORD, D'ACCORD ! J'Y VAIS !

HÉ, LÂCHE-MOI ! JE PEUX MARCHER TOUT SEUL ! JE VOULAIS JUSTE... J'AI COMPRIS, REGARDE ; JE M'EN VAIS.

BIEN SÛR, TU TROUVES QUE L'ÉCOLE C'EST BIEN MAINTENANT. MAIS DANS QUELQUES HEURES, TU VERRAS, JE TE MANQUERAI !

ET VOILÀ CALVIN PARTI POUR L'ÉCOLE. ÇA A ÉTÉ DUR, CETTE FOIS !

BAH, IL S'AMUSERA BIEN UNE FOIS LÀ-BAS !

TIENS, IL Y COURT MÊME. IL EST TOUT EXCITÉ À L'IDÉE...

HÉ ! CALVIN. L'ARRÊT DU BUS EST DE CE CÔTÉ ! REVIENS !

JE PEUX PAS CROIRE QUE JE SUIS LÀ, À ATTENDRE LE BUS DE L'ÉCOLE. OÙ EST PASSÉ L'ÉTÉ ?

CE QUE J'AI PU ATTENDRE CE JOUR ! BIENTÔT NOUS ALLONS NOUS FAIRE DE NOUVEAUX AMIS, APPRENDRE TOUTES SORTES DE CHOSES IMPORTANTES, ET...

QU'EST-CE QU'IL Y A ENCORE ?

TA FRANGE CACHE DRÔLEMENT BIEN LES CICATRICES DE TA LOBOTOMIE.

JE FAIS SERMENT D'ALLÉGEANCE ...

À LA REINE CRAPOTE... ET À SON MYTHIQUE ÉTAT D'HYSTÉRIE...

NCIPAL
L'ANNÉE VA ÊTRE LONGUE.

Hé, Calvin, t'es sur ma balançoire. Tire-toi!
JE N'AI PAS PEUR DE TOI, MOE.

Ah non?
NON. TU ES SI BÊTE QUE TU NE COMPRENDRAS JAMAIS POURQUOI UN PETIT MOINEAU EST PLUS AGILE ET L'EMPORTE TOUJOURS QUAND IL SE BAT CONTRE LES GROS CORBEAUX.

Ah ouais?
PUNCH

CES ÉMISSIONS SUR LA NATURE CAUSERONT MA PERTE.

OUI, CALVIN ?
JE PEUX SORTIR, S'IL VOUS PLAÎT ?

ENCORE?
J'AI ENVIE. BEAUCOUP.

TRÈS BIEN.
MERCI.

QU'EST-CE QUE TU FAIS À LA MAISON ?!
J'AVAIS ENVIE.

Calvin et Hobbes
WATTERSON
L'ÉCOLE EST FINIE ! ENFIN LIBRE !

JE N'AI QUE SIX PRÉCIEUSES HEURES AVANT DE ME COUCHER POUR OUBLIER TOUT CE QUE J'AI APPRIS AUJOURD'HUI.

JE DÉTESTE RENTRER DE L'ÉCOLE. JE NE SAIS JAMAIS SI HOBBES M'ATTEND POUR ME SAUTER DESSUS.

PEUT-ÊTRE JE VAIS ME METTRE DE CÔTÉ ET POUSSER LA PORTE AVEC UN BÂTON.

JE SUIS RENTRÉ !

QU'EST-CE QUE TU ATTENDAIS ? DE VOIR LE BLANC DE MES YEUX ?
AH OUI ! SI TU LES AVAIS VUS ! AUSSI GRANDS QUE DES ASSIETTES ! HOU, HOU, HOU !

TU AS LU LES JOURNAUX? LES ADULTES BOUSILLENT VRAIMENT LE MONDE.
WATTERSON

LES PLUIES ACIDES, LES DÉCHETS TOXIQUES, LES TROUS DANS LA COUCHE D'OZONE, LES ÉGOUTS DANS LES OCÉANS, ET ALLEZ, ET ALLEZ!

LE SEUL AVANTAGE C'EST QUE FINALEMENT IL N'Y AURA PLUS UN BOUT DE PLANÈTE QUI MÉRITE QU'ON SE BATTE.

TU PLIES BAGAGE?
OUAIP! PRENDS TA BROSSE À DENTS, HOBBES, ON S'EN VA.

C'EST RÉVOLTANT DE VOIR COMMENT LES ADULTES ONT POLLUÉ LA TERRE. JE REFUSE D'HÉRITER D'UNE PLANÈTE POURRIE! JE PARS!
VRAIMENT? OÙ ÇA?

WATTERSON

TU SAIS DES FOIS TU ES VRAIMENT SUPER PÉNIBLE.
JE POSAIS JUSTE LA QUESTION!

ET POURQUOI PAS MARS? LÀ ON SERAIT À L'ABRI DE LA POLLUTION TERRESTRE.
OUAIS! SI ON PART MAINTENANT, ON POURRA SE L'APPROPRIER ET VIRER TOUS LES AUTRES.

D'ACCORD. C'EST RÉGLÉ. CE SERA MARS.
TU FINIS LES BAGAGES, JE VAIS CHERCHER LE CHARIOT.

ON Y VA EN CHARIOT?
BIEN SÛR! COMMENT TU VEUX Y ALLER. EN BOUGEANT LES BRAS?

JE CROIS QUE JE N'Y AVAIS PAS PENSÉ.
DE TOUTE ÉVIDENCE.
WATTERSON

SALUT MAMAN. HOBBES ET MOI, NOUS ALLONS VIVRE SUR MARS, LA TERRE EST TROP POLLUÉE.

AMUSEZ-VOUS BIEN !
DIS AU REVOIR À PAPA POUR NOUS. SI ON TROUVE UNE POSTE INTERPLANÉTAIRE JE T'ÉCRIRAI DE TEMPS À AUTRE ET...

CALVIN, NE RESTE PAS LÀ AVEC LA PORTE OUVERTE, ÇA FAIT UN COURANT D'AIR. SOIT TU RESTES SOIT TU SORS !

ELLE N'A PAS L'AIR TROP CONTRARIÉE PAR NOTRE DÉPART.
ON AURAIT DÛ PARTIR DEPUIS LONG-TEMPS !

C'EST PARTI !

TU CROIS VRAIMENT QU'ON AURA ASSEZ D'ÉLAN POUR S'ARRACHER À LA GRAVITÉ TERRESTRE ?

BIEN SÛR ! TU CROIS QUE J'AI PAS TOUT PLANIFIÉ ? J'AI TOUT PRÉVU.
TU AS PENSÉ À CE QU'ON VA MANGER PENDANT LE VOL ?

C'EST TOI QUI FAISAIS LES BAGAGES ! TU N'AS RIEN PRIS À MANGER ??
J'EN AI PRIS POUR MOI...

ÇA Y EST ! NOUS SOMMES SORTIS DE L'ORBITE TERRESTRE !

MARS, NOUS VOILÀ !

TU ES SÛR DE LA DIRECTION ?
QUOI ? TU N'AS PAS PRIS LA CARTE ?!

JE ME DEMANDE CE QUI ARRIVE QUAND ON VOMIT EN APESANTEUR.

DEMANDE-TOI COMMENT TU VAS FAIRE POUR RENTRER À PIED.

BON, VOILÀ NOTRE NOUVELLE MAISON. ON VA DÉBALLER LES AFFAIRES ET S'INSTALLER.

DES BD ... DES BD ... DU THON ... DES BONBONS ... ENCORE DU THON ... BROSSE À DENTS ... UN OUVRE-BOÎTES ... ON DIRAIT QUE NOUS AVONS TOUT CE QU'IL FAUT.

ET ÇA, C'EST QUOI ?
UNE VEILLEUSE, J'AI PENSÉ QUE CELA NE SERAIT PAS TRÈS RASSURANT DE DORMIR SUR MARS.

BEN DIS DONC, TU PENSES À TOUT.
ON N'A PLUS QU'À TROUVER UNE PRISE.

OUAIP ! MARS EST PEUT-ÊTRE UN PEU BARBANT, MAIS C'EST MIEUX QUE SUR TERRE.
CRUNCH
CRUNCH

ON A LA PLANÈTE POUR NOUS, TOUS SEULS, TOUTE NEUVE ET PRÉSERVÉE. PAS UN HABITANT, DONC PAS DE POLLUTION ...

RIEN QUE LA NATURE BELLE ET SAUVAGE PARTOUT OÙ L'ON REGARDE.

CE N'EST PAS TON PAPIER DE BONBON, LÀ ?
IL EST LÀ QUE DEPUIS UNE MINUTE. J'*ALLAIS* LE RAMASSER.

JE NE SAIS PAS POUR TOI, MAIS ÇA ME PLAÎT D'ÊTRE SUR MARS.
MOI AUSSI. C'EST TRÈS CALME.

PAS SEULEMENT ÇA, MAIS ON N'A PAS **MAMAN** POUR NOUS COMMANDER ! PAS DE COUCHER PRÉMATURÉ, PAS DE BAINS, PAS DE REPAS INFECTS PAS DE ...

CE ROCHER A BOUGÉ OU QUOI ?

MAMAAAAAAN !!

OH MON DIEU, CE ROCHER A BOUGÉ ! IL Y A QUELQUE CHOSE DESSOUS !

CE DOIT ÊTRE UN MARTIEN ! OH NON ! ON NON ! C'EST PROBABLEMENT UN HORRIBLE MONSTRE TENTACULAIRE AVEC DES YEUX GLOBULEUX !

TU AS RAISON ! ON VOIT UNE TENTACULE !
IL SORT ! QU'EST-CE QU'ON VA FAIRE ?!

AAUGHHHHA
WATTERSON

EST-CE QUE LE MARTIEN EST ENCORE LÀ ?
JE JETTE UN OEIL !

JE NE LE VOIS PAS. IL A DÛ SE CACHER.
SE CACHER ? TU CROIS QU'IL A PEUR DE NOUS ?

POURQUOI PAS ? NOUS, ON A BIEN PEUR DE LUI.
OUAIS, MAIS NOUS ON EST QUE DES TERRIENS ORDINAIRES, PAS DES BIZARROÏDES D'UNE AUTRE PLANÈTE COMME LUI.
WATTERSON

POURQUOI TU CROIS QUE LE MARTIEN SE CACHE ?
PEUT-ÊTRE QUE LES MARTIENS N'AIMENT PAS LES TERRIENS.

IL NE NOUS AIME PAS ?! QU'EST-CE QU'IL N'AIME PAS ? LES HUMAINS SONT DES ÊTRES FORMIDABLES !

HÉ, TOI, LE MARTIEN ! SORS DE LÀ ! ON N'EST PAS MÉCHANTS ! ON EST JUSTE VENU ICI PARCE QUE DES GENS ONT TELLEMENT POLLUÉ NOTRE PLANÈTE QUE ... ENFIN... JE VEUX DIRE... HEU...

QU'EST-CE QUE TU EN DIS ? TU CROIS QUE NOTRE RÉPUTATION NOUS A PRÉCÉDÉS ?
TU ADOPTERAIS UN CHIEN QUI N'AIT PAS APPRIS À ÊTRE PROPRE ?
WATTERSON

OUAIP. NOUS SOMMES PARTIS POUR Y VIVRE PARCE QUE LA TERRE EST TROP POLLUÉE, MAIS NOUS AVONS DÉCOUVERT QUE MARS ÉTAIT HABITÉ ALORS NOUS SOMMES RENTRÉS.

POUR L'EXPOSÉ, J'AI APPORTÉ UN EXTRA-TERRESTRE QUE J'AI CAPTURÉ DANS MA COUR.

DEPUIS DEUX JOURS JE LE GARDE DANS CE SAC SPÉCIAL DOUBLÉ EN ZARNIUM ET JE LE NOURRIS AVEC DE L'AMMONIAC PUR !

ET VOICI LE MOMENT QUE VOUS ATTENDIEZ TOUS !
AARGH

ÇA A MARCHÉ ?
LA MAÎTRESSE A DIT QUE CETTE ANNÉE MAMAN ET PAPA DEVRONT SIGNER *TOUS LES DEUX* MON CARNET.

SCOOTCH
SCOOTCH

BONJOUR. JE SUIS UN ROBOT SONDE X-387 ET J'ARRIVE DE JUPITER.
MM HMM.

MES CAPTEURS INDIQUENT DES TRACES DE CHOCOLAT DANS LE PLACARD. DONNEZ-MOI QUELQUES ÉCHANTILLONS POUR ANALYSE.
NON, TU N'AURAS PLUS FAIM AU REPAS.

MA MISSION NE DOIT PAS ÉCHOUER. PRÉPARE-TOI À MOURIR, PITOYABLE FEMELLE HUMAINE.
VA JOUER SUR JUPITER, X-3 JE NE SAIS PAS QUOI.

TU SAIS, QUAND ON Y PENSE, NOS VIES SONT PLUTÔT CHOUETTES.

BEAUCOUP D'ENFANTS N'ONT PAS UNE VIE DE FAMILLE COMME NOUS. ON NE PEUT PAS SE PLAINDRE.

... CE QUI NE VEUT PAS DIRE QU'IL FAUT RENTRER TOUT DE SUITE.
QUAND CROIS-TU QU'ILS VERRONT LE PARE-BRISE DE LA VOITURE ?

Calvin et Hobbes

WATTERSON

Calvin et Hobbes
WATTERSON
TU SAIS CE QUI POURRAIT AMÉLIORER LA MAISON ?
NON, QUOI ?

TU DEVRAIS ENLEVER LES ESCALIER ET METTRE UN ASCENSEUR.
BIEN. JE RANGERAI TON IDÉE AVEC CELLE DU TAPIS ROULANT.

OH NON !

WHOAAA

OWW

...WWCH !

WHOAAA

OWW

...WWCH !

WHOAAA

OWW

..WWCH !

TU ES ENCORE TOMBÉ DANS LES ESCALIERS ?
C'EST MOI LE CAOUTCHOUC HUMAIN.

SALUT, SUSIE ! DEVINE CE QUE J'AI POUR DÉJEUNER !

NON ! VA T'ASSEOIR PRÈS DE QUELQU'UN D'AUTRE. J'EN AI MARRE DE T'ENTENDRE DÉCRIRE TOUS LES TRUCS DÉGOÛTANTS QUE TU INVENTES POUR TON DÉJEUNER !

OH LÀ LÀ ! QU'EST-CE QUI TE PREND ? JE N'AI QUE DES SANDWICHS AU BEURRE DE CACAHUÈTES. QU'EST-CE QUE ÇA A DE DÉGOÛTANT ?

HMPH. CONTENTE DE VOIR QU'UN JOUR PAR AN TU PEUX ÊTRE NORMAL.
C'EST MON **DESSERT** QUI CRAINT. REGARDE, UN PLEIN THERMOS DE MORVE !

CALVIN, PEUX-TU ATTRAPER MON SAC, S'IL TE PLAÎT ? J'AI BESOIN DE MA CALCULATRICE.
BIEN SÛR.

LÀ VOILÀ !
MERCI.

HUM HUM.

TU N'AURAS PAS DE POURBOIRE !!
HA ! TU VERRAS SI JE TE RENDS ENCORE UN SERVICE.

LES ÉLECTIONS APPROCHENT, PAPA. LES GENS VEULENT CONNAÎTRE TES POSITIONS

SUR QUOI ?
LE COUCHER PLUS TARD, L'EXPANSION DU TEMPS DE TÉLÉ, LES SEMAINES SCOLAIRES RACCOURCIES ET LE RELACHEMENT DE LA DISCIPLINE.

JE SUIS CONTRE.
JE VOIS.

ET TA RETRAITE ? À QUELLE CAISSE AS-TU COTISÉ ?
VA AU LIT.

Calvin et Hobbes

WATTERSON

MAMAAAAN

QU'Y A-T-IL, CALVIN ?
JE ME SENS PAS BIEN.

TU AS MAL OÙ ?
À L'ESTOMAC ! JE VEUX MA MAMAN !

MOI ? POURQUOI PAS TOI, BON SANG DE BONSOIR ?!?
VA LUI DEMANDER. MAINTENANT, LAISSE-MOI ME RECOUCHER.

PFFF, IL EST DEUX HEURES DU MATIN. POURQUOI EST-CE QUE LES ENFANTS SONT TOUJOURS MALADES À DEUX HEURES DU MATIN ?

CALVIN A PROBABLEMENT TROP MANGÉ DE DESSERT. POUR ME FAIRE LEVER À CETTE HEURE, IL A INTÉRÊT À ÊTRE VRAIMENT MALADE !

EEUURK

JE NE VOULAIS PAS DIRE ÇA !
MOINS FORT, CHÉRIE. J'ESSAYE DE DORMIR.

CELA FAIT VINGT MINUTES QUE TU AS VOMI, ALORS LAISSE-MOI PRENDRE TA TEMPÉRATURE.

JFAI ENCFORE ENVFIE DFE VFOMIFR.
QU'EST-CE QUE TU DIS, CHÉRI ?

JFAI ENCFORE ENVFIE DE VFOMIFR
QUOI ! POURQUOI TU NE L'AS PAS DIT ? DONNE-MOI LE THERMOMÈTRE ! COURS ! VITE !

JE PENSE QUE LE PIRE EST PASSÉ, ALORS MAINTENANT ESSAYE DE DORMIR.

JE RETOURNE AU LIT, MAIS APPELLE-MOI SI TU NE TE SENS PAS BIEN, D'ACCORD? REPOSE-TOI.
MM MM.

PAUVRE PETIT CHÉRI.

BEURK! DORMIR AVEC QUELQU'UN QUI A VOMI! TOURNE-TOI DE L'AUTRE CÔTÉ!
Z

ÇA FAIT PEUR D'ÊTRE MALADE... SURTOUT LA NUIT.

ET SI J'ÉTAIS VRAIMENT MALADE, SI JE DEVAIS ALLER À L'HÔPITAL??

ET S'ILS ME PLANTAIENT DES TUBES ET DES AIGUILLES? ET S'ILS DEVAIENT M'OPÉRER? ET SI L'OPÉRATION LOUPAIT? ET SI CETTE NUIT ÉTAIT LA... LA DERNIÈRE??

ALORS DEMAIN JE POURRAIS AVOIR LE LIT POUR MOI TOUT SEUL.
RIEN NE VAUT LE RÉCONFORT D'UN TIGRE QUI A TROP VEILLÉ.

TU TE SENS MIEUX CE MATIN, CALVIN?
NON.

JE CROIS QU'IL FAUDRAIT PRENDRE RENDEZ-VOUS AVEC LE DOCTEUR.
OUI.

AU FAIT, ON EST SAMEDI. TU NE MANQUERAS PAS L'ÉCOLE.
JE SAIS.

EH BIEN, ON DIRAIT QUE CALVIN A ATTRAPÉ LE VIRUS QUI TRAÎNE. RIEN DE GRAVE.

GARDEZ UN OEIL SUR LUI ET FAITES-MOI SIGNE S'IL NE SE REMET PAS RAPIDEMENT.
D'ACCORD, MERCI

AU REVOIR, CALVIN. TU AS ÉTÉ UN BON PATIENT, CETTE FOIS.
MM.

RIEN NE VAUT UN PETIT VIRUS POUR MATER UN ENFANT.
JE PRÉFÈRE QUAND C'EST SA MAÎTRESSE QUI S'EN CHARGE.

PAS D'ÉCOLE AUJOURD'HUI, JE RESTE À LA MAISON!

JE DOIS RESTER AU LIT, À BOIRE DE LA TISANE ET À LIRE DES BD TOUTE LA JOURNÉE.

SI SEULEMENT ÇA POUVAIT ÊTRE TOUS LES JOURS PAREIL.

... COMME POUR CERTAINS QUE JE CONNAIS.
TA MÈRE NE M'APPORTE JAMAIS LE THÉ AU LIT.

JE VEUX PLUS DE TARTINES.

FEMME DE CHAMBRE!!

HA! ÇA, AU MOINS, ÇA TE FAIT ACCOURIR!
DEMAIN, TU RETOURNES À L'ÉCOLE.

Calvin et Hobbes
WATTERSON
MES PARENTS SONT LES DEUX ÊTRES LES PLUS STUPIDES DE LA TERRE.

ET ILS SE SONT MARIÉS ET ILS M'ONT EU, MOI. C'EST BIEN MA VEINE!

JE HAIS TOUT LE MONDE.

JE NE COMPRENDS PAS COMMENT ON PEUT TOMBER AMOUREUX. LES GENS SONT DES CRÉTINS.

PARFOIS, C'EST VRAI, MAIS REGARDE LA COULEUR DES ARBRES AUJOURD'HUI.

OUAIS? ET ALORS?
À MON AVIS C'EST PLUS CHOUETTE DE VOIR ÇA AVEC QUELQU'UN QUE TOUT SEUL.

JE SUPPOOOSE... MAIS JE PRÉFÈRE VOIR ÇA AVEC UN TIGRE PLUTÔT QU'AVEC UNE PERSONNE.
CELA VA SANS DIRE.
WATTERSON

LES GENS SE FONT TROP DE SOUCI POUR PEU DE CHOSE.

TOUT CE QU'ILS CHERCHENT, C'EST À SE RENDRE MALHEUREUX.

POURQUOI AVOIR UN ULCÈRE POUR POUR DES CHOSES QUI N'EN VALENT PAS LA PEINE ?

COMME LE RÉSUMÉ QUE TU ES CENSÉ ÉCRIRE EN CE MOMENT SUR CE LIVRE QUE TU N'AS PAS LU ?
OUI. C'EST UN PARFAIT EXEMPLE.

POURQUOI DIABLE EST-CE QUE J'ATTENDS SOUS CE DÉLUGE UN BUS QUI VA ME CONDUIRE OÙ JE NE VEUX PAS ALLER ?

JE VAIS À L'ÉCOLE, MAIS JE N'APPRENDRAI JAMAIS CE QUE JE VEUX SAVOIR.

JE HAIS L'ÉCOLE.

CHAQUE JOUR, JE COMPTE LES HEURES JUSQU'À LA SONNERIE. PUIS JE COMPTE LES JOURS JUSQU'AU WEEK-END. PUIS JE COMPTE LES SEMAINES JUSQU'À LA FIN DU MOIS, PUIS JE COMPTE LES MOIS JUSQU'AUX VACANCES

CE QUE JE VEUX FAIRE PASSE TOUJOURS APRÈS CE QUE JE DOIS FAIRE !
BIENVENUE DANS LE MONDE.
TU VEUX BIEN SIGNER CETTE DISPENSE D'ÉCOLE POUR LES ONZE PROCHAINES ANNÉES ?

Calvin et Hobbes
WATTERSON
SPIFF LE VAILLANT SPATIONAUTE, L'EXPLORATEUR INTERGALACTIQUE, SURVOLE LES MONTAGNES D'UNE ÉTRANGE PLANÈTE !

NOTRE HÉROS ESPÈRE DÉSESPÉRÉMENT TROUVER UNE AIRE D'ATTERRISSAGE !

SPIFF LE SPATIONAUTE SE POSE SUR LA LOINTAINE PLANÈTE ZOKK !

IL DESCEND DE SON VAISSEAU ET S'APPRÊTE À EN EXPLORER LA SURFACE !

MAIS DÈS QU'IL FAIT UN PAS, IL SE SENT PROJETÉ DANS LES AIRS !

SPIFF RÉALISE SOUDAIN QUE SUR LA PLANÈTE ZOKK, IL Y A TRÈS PEU DE GRAVITÉ.
OOF

AVEC UN PEU D'ENTRAÎNEMENT, NOTRE HÉROS DÉCOUVRE QU'IL PEUT TRAVERSER SANS EFFORT LA PLANÈTE EN FAISANT DES BONDS !
WATTERSON

ARRÊTE DE SAUTER SUR TON LIT ET DORS !

STUPIDE BALLON.
POOF POOF

POOF POOOF

POOFF

HÉ, SUSIE, TU N'AS PAS EU DE PROBLÈME AVEC LE DEVOIR DE MATH, HIER SOIR ?
NON, POURQUOI ?

J'AI TROUVÉ QUELQUES QUESTIONS PIÈGES. ON PEUT COMPARER NOS RÉPONSES ?
D'AC.

ALORS QU'EST-CE QUE TU AS MIS POUR LA QUESTION N° 1 ?
SEPT.

SEPT ? AH, C'EST CE QUE J'AI MIS MOI AUSSI. ET POUR LA QUESTION N° 2 ?
VA TE FAIRE VOIR, CALVIN !

T'AS DÉJÀ ÉTUDIÉ LES FOURMIS ?

REGARDE CELLE-LÀ. ELLE PORTE UNE MIETTE PLUS GROSSE QU'ELLE. ET ELLE *COURT*.

ET SI TU METS UN OBSTACLE DEVANT ELLE, ELLE DÉPLOIE TOUTE SON ÉNERGIE POUR L'ESCALADER SANS LÂCHER SA CHARGE.

JE NE PEUX PAS ADHÉRER À CE GENRE D'ÉTHIQUE.

Calvin et Hobbes

WATTERSON

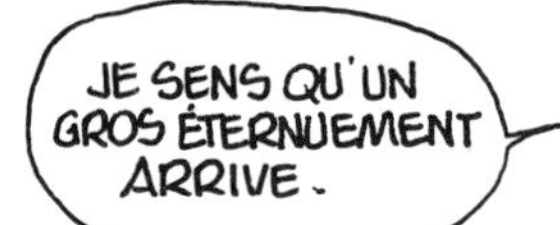

IMAGINE... IL Y A QUATRE MILLIARDS D'ANNÉES LA TERRE N'ÉTAIT QU'UN NUAGE DE POUSSIÈRE

ET LA PREMIÈRE BACTÉRIE EST APPARUE IL Y A TROIS MILLIARDS D'ANNÉES. PUIS LA VIE MARINE, LES DINOSAURES, LES OISEAUX, LES MAMMIFÈRES ET ENFIN, IL Y A UN MILLION D'ANNÉES, L'HOMME.

ET MAINTENANT, ME VOILÀ.

...L'APOGÉE DE L'ÉVOLUTION
OH, PAR PITIÉ !

C'EST PAS PAREIL, HEIN ?
ET IL NE NEIGERA PROBABLEMENT PAS AVANT UN MOIS.

Z
Z

GRRR
Z

GROWLL RRR !
PSST ! HÉ ! DEBOUT ! TU RÊVES !

GRRR...
ET MAMAN QUI SE DEMANDE POURQUOI JE N'AI JAMAIS L'AIR REPOSÉ LE MATIN.

Calvin et Hobbes
WATTERSON
AH, TU ES LÀ ! SORS IMMÉDIATEMENT ET FILE DANS LA BAIGNOIRE !

ELLE M'AURAIT JAMAIS TROUVÉ SI J'AVAIS PAS ÉTERNUÉ.

JE TE DONNERAI UN FRANC SI TU PRENDS LE BAIN POUR MOI.
FAIS VOIR L'ARGENT D'ABORD.

TIENS. T'AS QU'À ÉCLABOUSSER PARTOUT PENDANT QUE JE CRIERAI COMME SI C'ÉTAIT MOI.
D'AC, ÇA MARCHE.

EN FAIT, POUR UN AUTRE FRANC, JE PRENDRAI AUSSI TON BAIN DU MERCREDI.
C'EST VRAI ? SUPER ! JE N'AURAI PLUS JAMAIS À PRENDRE DE BAIN.

LA LA LA DOU DI DA
LÀ, JE ME LAVE LES BRAS ! OUPS ! LE SAVON A GLISSÉ, ET LÀ JE ME LAVE LA FIGURE !

BON, TU PEUX SORTIR. ÇA A DURÉ ASSEZ LONGTEMPS.
DIS DONC, C'ÉTAIT FACILE. JE VAIS DEVENIR RICHE.

ARRÊTE AVEC LE SÉCHOIR, MAMAN VA SE DOUTER DE QUELQUE CHOSE
JE NE SUIS PAS ENCORE SEC.
ZZZZZ

VOILÀ ! C'EST GAGNÉ. PRENONS L'AIR DE RIEN.
BONNE NUIT. FAIS-MOI UN BISOU !

BERK ! TU ES TOUT SALE !
TU M'AS PAS ENTENDU PRENDRE MON BAIN ? REGARDE, MA SERVIETTE EST MOUILLÉE ! TU VOIS PAS ?

RENDS-MOI MON FRANC.
QUE DALLE JE L'AI DÉJÀ DÉPENSÉ !
WATTERSON

REGARDE ! UNE AGATE !

ELLE EST BELLE, HEIN ? T'AS VU, ELLE EST PARFAI-TE.

QU'EST-CE QUE TU VAS EN FAIRE ?
JE VAIS LA GARDER PRÉCIEU-SEMENT.

ESSAYER DE TOUCHER LE CRÂNE DE SUSIE À QUINZE MÈTRES.
WATTERSON

QU'EST-CE QUE TU FAIS ?
PAPA M'A DIT DE JOUER DEHORS, ALORS JE CREUSE UN TROU JUS-QU'EN CHINE.

SI PAPA DOIT RESTER AUSSI ROUSPÉTEUR, JE FERAIS MIEUX D'ALLER VIVRE DE L'AUTRE CÔTÉ DE LA PLANÈTE.
WATTERSON

TU PEUX VENIR AUSSI, SI TU VEUX. IL Y A UNE AUTRE PELLE DANS LE GARAGE.

TU NE CROIS PAS QUE TON PÈRE VA S'ÉNERVER QUAND IL TE VERRA CREUSER DANS L'ALLÉE ?
OH, TU CON-NAIS PAPA. QUEL QUE SOIT L'ENDROIT OÙ JE CREUSE, IL VA S'ÉNERVER.

REGARDE CE QUE MAMAN M'A FAIT ! UN COSTUME DE SUPER-HÉROS !

C'EST PAS SUPER ? JE PEUX COMBATTRE LE CRIME SANS QUE PERSONNE CONNAISSE MA VÉRITABLE IDENTITÉ !

OUAIP, MAINTENANT JE SUIS PRÊT !
WATTERSON

... ALORS ? T'AS VU DES CRIMES ?
POURQUOI TU VEUX QUE TOUT LE MONDE IGNORE TON IDENTITÉ ?

CALVIN, ENLÈVE TON DÉGUISEMENT AVANT DE PASSER À TABLE.

CALVIN ? QUI EST CALVIN ? JE SUIS HYPERMAN !

ARRÊTE TES BÊTISES ET FAIS CE QUE JE T'AI DEMANDÉ.
MAIS MAMAN, IL FAUT QUE JE LE GARDE POUR MANGER !
WATTERSON

NON. ALLEZ, ENLÈVE ÇA !
MAIS HYPERMAN A UN ESTOMAC D'ACIER !

MAMAN NE ME LAISSERA PAS SORTIR TANT QUE JE N'AURAI PAS FINI MES DEVOIRS. SI TU M'AIDES, J'IRAI PLUS VITE. ÇA FAIT QUOI, CINQ PLUS SEPT ?

JE SAIS PAS !
MOI NON PLUS.

ALORS ÉCRIS "JE SAIS PAS".
HÉ, C'EST LA VÉRITÉ ! JE PEUX RÉPONDRE ÇA À TOUTES LES QUESTIONS. ON A FINI !
WATTERSON

JE CROIS QUE JE VAIS JETER UN OEIL SUR LES DEVOIRS DE NOTRE PETIT PRODIGUE.

TU VEUX JOUER DEHORS ?
NON. JE REGARDE LA TÉLÉ.
WATTERSON

TU DÉTESTES CETTE ÉMISSION. ALLEZ, ON SORT.
NON

POURQUOI NON ?
FINALEMENT PAPA A DIT QU'IL EN AVAIT ASSEZ DE DISCUTER AVEC MOI, QU'IL S'EN FICHAIT ET QUE JE POUVAIS REGARDER LA TÉLÉ JUSQU'À CE QUE LE CERVEAU ME DÉGOULINE PAR LES OREILLES !

ET C'EST CE QUE TU VAS FAIRE ?
C'EST UN PRIVILÈGE DUREMENT GAGNÉ.

Calvin et Hobbes
WATTERSON
VOLETS ....VÉRIFIÉS
CARBURANT......VÉRIFIÉ
TRAIN
D'ATTERRISSAGE...VÉRIFIÉ

LUNETTES....VÉRIFIÉES

CALVIN PILOTE SON F-15
À PLUS DE 2400 KM/H.

CHARGÉ DE TONNES DE TOUS
LES MISSILES EXISTANTS, LE
JET RASE LE SOL!

FWISSHHH!
ENCORE
UNE MANOEUVRE
ET SA CIBLE
APPARAÎT! CALVIN
TIRE!

UN A UN, LES MISSILES FILENT
TOUT DROIT ET EXPLOSENT AVEC
UNE SINISTRE PRÉCISION.
PFOOM!

MISSION ACCOMPLIE! TOUT CE QUI
RESTE DE L'ÉCOLE PRIMAIRE DE
CALVIN EST UN CRATÈRE
FUMANT!

ÉCOLE PRIMAIRE
SOUPIR
WATTERSON

BON, PAPA, C'EST LA DERNIÈRE LIGNE DROITE. LES SONDAGES DISENT QUE TU NE SERAS PLUS PAPA TRÈS LONGTEMPS.

IL SEMBLERAIT QUE TU AIES PERDU TA POPULARITÉ. LES PERSONNES INTERROGÉES CONTINUENT À TE COMPARER À DU POISSON FROID.

SI TU VEUX UN CONSEIL, JE TE SUGGÈRE D'ÊTRE PARTICULIÈREMENT ADORABLE DANS LES DEUX PROCHAINES MINUTES.
WATTERSON

VA AU LIT.
OH NON ! C'EST UNE VÉRITABLE CATASTROPHE !

DIX... QUINZE... SIX... VINGT-DEUX...

LANCE !

AARGH !

TU AS ENCORE PERDU !
IL NOUS FAUT ABSOLUMENT TROUVER D'AUTRES JOUEURS.
WATTERSON

TU AS DE LA CHANCE DE NE PAS AVOIR À ALLER À L'ÉCOLE, TOI !

TU NE SAIS PAS CE QUE C'EST QUE DE SE LEVER DANS LE MATIN NOIR ET FROID POUR ALLER DANS UN ENDROIT QUE TU DÉTESTES.

SI, JE SAIS.
AH OUAIS ? ET COMMENT ?

TU ME LE RÉPÈTES CHAQUE MATIN.
OH, ET JE TE RÉVEILLE PEUT-ÊTRE ? DÉSOLÉ !
WATTERSON

HÉ !

C'EST (SOUFL) PAS (SOUFL) COMME ÇA QU'ON JOUE !
TU NE M'AS TOUJOURS PAS PLAQUÉ !

Dégage, rase-mottes.
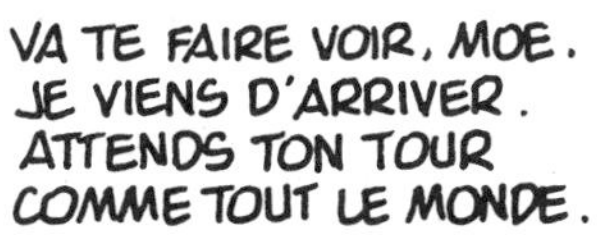
VA TE FAIRE VOIR, MOE. JE VIENS D'ARRIVER. ATTENDS TON TOUR COMME TOUT LE MONDE.

J'ai dit: "Dégage".

JE N'ARRIVE PAS À ME METTRE EN TÊTE QUE LES RÈGLES SONT FAITES POUR LES BONS.

LANCE !

OOUPPS ! HÉ HÉ HÉ...

J'AI PERDU LA PARTIE, MAIS J'AI GAGNÉ LE DROIT DE VIVRE.

Calvin et Hobbes
WATTERSON

RINGGG

QUELLE JOURNÉE !

KAPOW

TU TE CROIS DRÔLE ? REVIENS, ESPÈCE DE LÂCHE !

QU'EST-CE QU'IL T'EST ARRIVÉ ?
PAS DE QUESTIONS STUPIDES. JE MONTE ME CHANGER.

CHAMBRE DE CALVIN. ENTRE. ET MEURS
WATTERSON

ÇA SUFFIIIIT !

OÙ EST CALVIN ?
IL EST PUNI. JE L'AI SURPRIS EN TRAIN D'APPELER LES MAGASINS D'ANIMAUX POUR ESSAYER DE LEUR VENDRE SON TIGRE.

DIS, SUSIE, TU PEUX ME PRÊTER TON CRAYON NOIR ?

D'ACCORD, MAIS NE LE CASSE PAS ET COLORIE AVEC TOUT LES CÔTÉS DE LA MINE POUR QU'IL RESTE POINTU.

POURQUOI EST-CE QUE TU NE LUI AS PAS PRIS UNE ASSURANCE ?
NE L'ABÎME PAS, C'EST TOUT. AU FAIT QU'EST-CE QUE TU DESSINES ?

DES OURS NOIRS ATTAQUANT LE PRINCE NOIR DANS LA FORÊT NOIRE À MINUIT.
RENDS-MOI MON CRAYON.

HÉ ! C'EST QUOI CE TRUC DANS MA SOUPE ? BERK ! C'EST DU RIZ ?!? VAUDRAIT MIEUX PAS !

DU RIZ ? FAIS VOIR !
REGARDE ! CES PETITS TRUCS BLANCS ! C'EST DU RIZ DANS MA SOUPE. JE DÉTESTE LE RIZ !

JE N'AI PAS MIS DE RIZ. CE SONT DES ASTICOTS !
AHH AHH !!

UN AUTRE MERVEILLEUX DÎNER À LA MAISON, EN FAMILLE. MERCI BEAUCOUP, CHÉRIE.
ET ALORS, IL MANGE, NON ?
DIS DONC, VIVEMENT QUE JE RACONTE À L'ÉCOLE CE QU'ON A MANGÉ !

OH OH.

HIPS

HIPS !

J'AI UN HOQUET VRAIMENT TERRIBLE, MAMAN.
BOIS UN VERRE D'EAU.

CE DOIT ÊTRE HORRIBLE D'ÊTRE UNE FILLE.

JE SUIS SÛR QUE C'EST FRUSTRANT DE SAVOIR QUE LES HOMMES SONT PLUS GRANDS, PLUS FORTS, PLUS INTELLIGENTS QUE LES FEMMES.

C'EST VRAI ! SI TU ES UNE FILLE, QUELLE EST TA RAISON DE VIVRE ?

LA PENSÉE QU'UN CRÉTIN COMME TOI ME SUPPLIERA POUR AVOIR UN RENDEZ-VOUS QUAND IL AURA DIX-SEPT ANS.
HA ! PAS MOI ! QUELLE HORREUR !

LE TYRANNOSAURE ARPENTE LES RIVAGES DU CRÉTACÉ !

CE LÉZARD CARNIVORE DE CINQ TONNES PEUT COURIR PLUS VITE QU'UN RHINOCÉROS QUI CHARGE ! QU'EST-CE QUI POURRAIT ÊTRE PLUS EFFRAYANT ?

ARRÊTE DE FAIRE DU BRUIT !

... À PART LES RUGISSEMENTS TERRIBLES DE SA MÈRE...

GAAACKK
UGHH !

Calvin et Hobbes
WATTERSON
JE N'AI JAMAIS BEAUCOUP AIMÉ CES PASTELS.

ILS N'ONT CARRÉMENT AUCUN GOÛT.

POUR L'ÉCOLE JE DOIS DESSINER MON ANIMAL DOMESTIQUE, MAIS PUISQUE J'EN AI PAS, JE VAIS TE DESSINER.
D'AC!

PRENDS L'AIR FÉROCE.
COMME ÇA?

C'EST SUPER. ATTENDS, VOILÀ. HMM... HMM...

AAARGH! CE N'EST PAS ÇA DU TOUT! JE NE SAIS PAS DESSINER LES TIGRES. JE DÉTESTE LE DESSIN!
LAISSE-MOI ESSAYER.

CE QU'IL Y A DE BIEN, QUAND ON DESSINE UN TIGRE, C'EST QU'AUTOMATIQUEMENT ON FAIT DE L'ART.
HÉ, C'EST PLUTÔT BON!

METS DES TÊTES HUMAINES AUTOUR DE LUI, COMME S'IL VENAIT DE MANGER UN VILLAGE.
COMME ÇA?
WATTERSON

ÇA C'EST SUPER! JE VAIS AVOIR LE MEILLEUR DESSIN DE TOUTE LA CLASSE! J'AI HÂTE DE LE MONTRER À TOUT LE MONDE! SUPER! MERCI, HOBBES!

MAIS JE NE MENS PAS! C'EST MON TIGRE QUI L'A DESSINÉ! VOUS CROYEZ QUE JE POURRAIS DESSINER QUELQUE CHOSE D'AUSSI BON??
OUI...
PRINCIPAL

Quand je serais grand, je veux être inventeur. D'abord j'inventerai une machine à voyager dans le temps.

Je reviendrai à hier

puis je m'emmènerai à demain.

Et j'échapperai à ce stupide devoir
WATTERSON

MAAAMAAN ! JE SUIS RENTRÉ DE L'ÉCOLE ! OUVRE-MOI LA PORTE !

QU'EST-CE QUI SE PASSE ? CE N'ÉTAIT PAS FERMÉ !
DES FOIS, HOBBES ATTEND QUE J'AIE POUSSÉ LA PORTE POUR ME SAUTER DESSUS

OH, POUR L'AMOUR DU CIEL ! À PARTIR DE MAINTENANT, NE M'APPELLE QUE SI LA PORTE EST FERMÉE.
HA ! J'AI ÉTÉ PLUS MALIN QUE HOBBES CETTE FOIS !
WATTERSON

THBBPTT !
FILLETTE.

JE SUIS VRAIMENT DE MAUVAISE HUMEUR, AUJOURD'HUI ! PERSONNE N'A INTÉRÊT À CROISER MA ROUTE.

JE DÉTESTE TOUT LE MONDE ! SI VOUS VOULEZ MON AVIS, TOUTE LA PLANÈTE PEUT DISPARAÎTRE. LES GENS NE VALENT RIEN.

ALOOOORS ? PERSONNE NE VA VENIR ME CONSOLER ?
WATTERSON

POUSSE-TOI DE LÀ ! JE SUIS DE MAUVAISE HUMEUR.

?

!

JE PARIE QU'UN CHIEN AURAIT OBÉI, LUI.

ATTENTION MAMAN. JE SUIS DE MAUVAISE HUMEUR.

SOIS DE MAUVAISE HUMEUR AILLEURS, JE SUIS OCCUPÉE.

HMPH ! JE PARIE QUE MA MÈRE BIOLOGIQUE M'AURAIT ACHETÉ UNE BD ET M'AURAIT RÉCONFORTÉ AU LIEU DE ME REJETER COMME TOI.
GAMIN, IL FAUT ÊTRE TA MÈRE BIOLOGIQUE POUR NE PAS T'AVOIR ABANDONNÉ AUX LOUPS DEPUIS LONGTEMPS !
OUAIS, OUAIS... BON, COMBIEN TU M'AS ACHETÉ, AVOUE ?

JE VOUDRAIS QU'IL TOMBE TROIS MÈTRES DE NEIGE DANS LES CINQ MINUTES QUI VIENNENT POUR QU'ILS FERMENT L'ÉCOLE.

ALLEZ, ALLEZ ! NEIGE NEIGE NEIGE NEIGE NEIGE NEIGE NEIGE NEIGE !

WATERSON

SI PRÈS... ET POURTANT SI LOIN.

TU CROIS QUE DIEU LAISSE UNE CHANCE DE S'EXPLIQUER ?
JE CRAINDRAIS PLUS LA RÉACTION DE TA MÈRE.
WATERSON

ALLÔ ?
SALUT, PAPA ! C'EST MOI, CALVIN ! TU ME RACONTES UNE HISTOIRE ?

CALVIN, JE TRAVAILLE ! JE N'AI PAS LE TEMPS DE TE RACONTER UNE HISTOIRE MAINTENANT ! JE SUIS TRÈS OCCUPÉ ! RACCROCHE ! J'ATTENDS DES COUPS DE FIL IMPORTANTS.

D'ACCORD, PAPA. JE RESTERAI LÀ À GRANDIR SILENCIEUSEMENT SANS JAMAIS PARTAGER DE MOMENTS PRIVILÉGIÉS AVEC MON PÈRE QUI TRAVAILLAIT TOUT LE TEMPS.
ÇA VA, D'ACCORD. C'EST L'HISTOIRE D'UNE POMPE HYDRAULIQUE (FIG. 1), DE LA ROUE À TRANSMISSION DENTELÉE (FIG. 2) ET DU VILAIN VOL DE BREVET.
JE VEUX UNE BONNE HISTOIRE.
WATERSON

Calvin et Hobbes
WATTERSON
QUI EST CE MYSTERIEUX HOMME MASQUÉ ?
KAPWIINGG !

ET POURQUOI N'A-T-IL JAMAIS PU ÊTRE PHOTOGRAPHIÉ EN COMPAGNIE DU SUPERBE PLAY-BOY MILLIONNAIRE DE SIX ANS, CALVIN ?

UNE SILHOUETTE SOLITAIRE ET ENCAPÉE COURT SUR LE TOIT D'UN IMMEUBLE, SOUS LA LUNE !

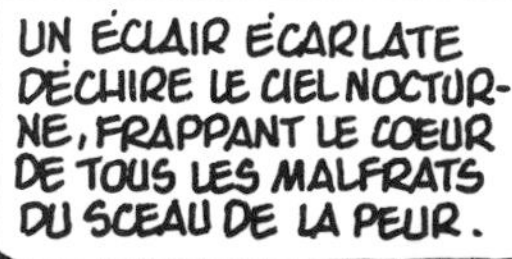
UN ÉCLAIR ÉCARLATE DÉCHIRE LE CIEL NOCTURNE, FRAPPANT LE COEUR DE TOUS LES MALFRATS DU SCEAU DE LA PEUR.

OUI, C'EST HYPERMAN, CHAMPION DE LA LIBERTÉ, DÉFENSEUR DU LIBRE-ARBITRE !

UN ÊTRE DIABOLIQUE MENACE D'ÉTABLIR UN SYSTÈME TOTALITAIRE ! SEUL HYPERMAN PEUT TOUT ARRANGER !

HA HA ! COMME JE LE SUSPECTAIS !, MON ENNEMI JURÉ MISS MAMAN !
JE NE T'AI PAS DIT D'ALLER AU LIT ?

OH, NON ! LES HYPERPOUVOIRS DE HYPERMAN NE FONT PAS LE POIDS CONTRE SON ADVERSAIRE ! HYPERMAN EST VAINCU !
WATTERSON

CELA AURAIT ÉTÉ BEAUCOUP MOINS HUMILIANT SANS LE BISOU DE BONNE NUIT.
ET ENLÈVE CETTE CAGOULE ! TU VAS T'ÉTOUFFER EN DORMANT.

Achevé d'imprimer en France en novembre 1998, par Pollina, 85400 Luçon - n° 76061
Dépôt légal : juin 1994